Susanne Blesius

Geschichten vom kleinen Tiger

Illustrationen von Heike Wiechmann

Für meinen kleinen Tiger Max
S.B.

*Der Umwelt zuliebe ist dieses Buch
auf chlorfrei gebleichtem Papier gedruckt.*

ISBN 3-7855-4740-4 – 2. Auflage 2004
© 2003 Loewe Verlag GmbH, Bindlach
Umschlagillustration: Heike Wiechmann
Reihenlogo: Angelika Stubner
Gesamtherstellung: L.E.G.O. S.p.A., Vicenza
Printed in Italy

www.loewe-verlag.de

Inhalt

Herzlichen Glückwunsch, Titu!   8

Gut gemacht, kleiner Tiger!   17

Was ist denn das?   25

Titu und der brennende Reifen   33

Herzlichen Glückwunsch, Titu!

Titu, der kleine , ist ganz

aufgeregt. Er hat Geburtstag.

Viele  kommen, um ihm

zu gratulieren. Und alle bringen

ein  mit: Der Gonzo

hat eine dabei, und Bruno,

der , bringt mit.

Der 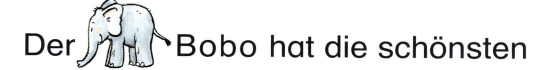 Bobo hat die schönsten und buntesten 🌼 gesammelt und dem kleinen 🐯 daraus eine 👑 gebastelt. Titu freut sich riesig. Er setzt die 👑 gleich auf.

„Jetzt bist du der 🤴 des 🌳",

meint Natnat, die 🐍. „Deshalb

darfst du bestimmen, was wir

heute machen." Das lässt sich der

kleine 🐅 nicht zweimal sagen.

„Wir können im 🏝 baden gehen", schlägt er vor und saust los. „Wer zuerst im 〰 ist, hat gewonnen!" Alle anderen 🐻🐘 laufen schnell hinter ihm her.

Bruno ist zuerst im . Er lässt sich schon auf dem  treiben, als Bobo mit seinem dicken neben ihm ins plumpst.

Der  rutscht an einer in den . Titu aber steigt ganz vorsichtig ins . Seine darf schließlich nicht nass werden!

Die 🐻🐘 spielen und toben,

und erst als es dunkel wird,

gehen sie in den 🌳 zurück.

„Jetzt möchte ich dir mein 🎁

geben", sagt Natnat zu Titu.

Die  zeigt zum . „Ich schenke dir den funkelnden dort neben dem . Immer wenn du ihn siehst, darfst du dir etwas wünschen."

„Das ist aber ein tolles ",

meint Titu. „Dann wünsche ich mir,

dass es immer so schön ist wie

heute und dass ich noch lange

der 👑 des 🌳 bin."

Gut gemacht, kleiner Tiger!

Titu, der kleine , spitzt

die . Ruft da nicht jemand?

Titu dreht sich um und horcht. „Hilfe!"

Das war doch Natnat, die !

Titu hat sie ganz deutlich gehört.

Sie ist bestimmt am .

Er springt über den dicken .

Schnell rennt Titu an den

vorbei, hinunter zum wilden .

Dort bleibt er wie angewurzelt

stehen. Mit großen starrt

er auf das tosende .

Am anderen steht ein .

Seine ragen in den .

Und an einem hängt Natnat.

Sie kann sich kaum noch halten.

„Ich kann doch nicht schwimmen",

bibbert sie.

Titu springt in den wilden .

Der kleine  kämpft mit

den , aber er schafft es nicht.

Das ist zu tief.

Titu rettet sich ans  und

brüllt: „Halt durch!" Dann rast er

wie der in den .

Es dauert nicht lange – und Titu

kehrt mit Bobo, dem , zurück.

„Ich halte dich fest", erklärt der

kleine  dem , „damit

der dich nicht mitreißt."

Aber Bobo schüttelt den  .

„Na los!" Titu schubst ihn an.

Ganz fest hält er den  an

dessen . Bobo streckt

seinen ✎ aus. Jetzt hat er

den 🌿 mit der 🐍 fast erreicht.

„Komm zu uns!", schreit Titu.

Zittrig umklammert Natnat

den ~. Dann schlängelt sie

sich vorsichtig zurück auf

den 🟫. Geschafft!

Gut gemacht, kleiner  !

Was ist denn das?

Titu, dem kleinen , ist ja so langweilig! Sein Freund Gonzo, der , ist nicht da. Der Peo schläft noch. Und wo Bobo, der , steckt, weiß er auch nicht. „Ich werde Bobo suchen", beschließt der kleine .

Vielleicht badet der  ja

im . Titu läuft gleich los.

Beim dicken bleibt er stehen.

Wer wandert denn da am

des umher?

Es ist kein  und auch kein . Es ist groß. Sein ist braun und übersät mit vielen hellen . Auf dem wachsen merkwürdige .

Das sieht lustig aus, findet der

kleine  . Titu traut sich

ein bisschen näher heran.

„Hallo!", ruft Titu freundlich.

„Möchtest du mit mir spielen?"

Aber weiter kommt er nicht.

Blitzschnell rast der braune

mit den hellen davon. Titu

sieht nur noch, wie der mit

den im  verschwindet.

Der kleine  ist ganz verdutzt.

„Schade", denkt er. „Ich wollte doch nur spielen." Enttäuscht trottet Titu zurück in den .

Mama wartet schon auf ihn.

Titu erzählt, was er erlebt hat.

Mama  lacht. „Aber Titu, das waren doch keine 🪵 auf dem 🦌. Das war ein 🦌!", erklärt sie dem kleinen .

„Was du gesehen hast, war

ein . Wir jagen .

Er hat sich vor dir gefürchtet.

Der  konnte ja nicht wissen,

dass du nur spielen wolltest."

Titu und der brennende Reifen

Der kleine 🐅, der 🐘 Bobo und Peo, der 🦜, machen sich auf den 🛤️ zu den 👨‍👩‍👦‍👦. Im kleinen 🏘️ unten am 🏞️ ist heute nämlich 🎪. Dort arbeitet 🐅 Theo, Titus Onkel. Den wollen sie besuchen.

 Theo sieht traurig aus.

„Was ist denn los?", fragt Peo,

der . „Meine ist verletzt",

schluchzt Theo. „Und so kann ich

nicht durch den brennenden

springen. Deshalb will der ,

dass ich zurück in den  gehe.

Ich will aber beim bleiben.

Ich reise gern um die ."

Der kleine 🐅 denkt nach.

Er muss Theo helfen. Aber wie?

Doch dann fällt ihm etwas ein.

„Ich werde für dich auftreten",

erklärt der kleine .

Bobo, der , reißt seine

weit auf. „Du?", fragt er ungläubig.

„Das ist doch viel zu gefährlich!"

Auch  Peo ist ganz entsetzt.

Ihm sträuben sich alle .

„Du springst nicht durch den O !",

sagt Onkel Theo bestimmt.

„Du musst dich nicht fürchten",

meint Titu. „Wenn Bobo mir hilft,

wird es nicht gefährlich."

Dann ist es so weit. frei für

Titu mit dem brennenden !

Mit einer großen ✦ zündet der ✦ den ⭕ an. Der kleine 🐅 kommt in die ⭕. Seine 🐾 zittern. Jetzt ist er doch ein bisschen aufgeregt.

Titu atmet tief durch und rennt los.

Schnell saugt Bobo aus

einem großen .

Mit seinem prustet er es in

die . Der ist gelöscht.

Der ist nass. Und Titu springt!

Die  lachen und klatschen

begeistert in ihre .

Das war Klasse! Auch der  ist

begeistert. Jetzt darf Theo

doch im  bleiben!

Die Wörter zu den Bildern:

 Tiger

 Blumen

 Tiere

 Krone

 Geschenk

 König

 Affe

 Dschungel

 Kokosnuss

 Schlange

 Bär

 See

 Bananen

 Wasser

 Elefant

 Rücken

Po
 Augen

 Liane
 Ufer

 Himmel
 Baum

 Stern
 Äste

 Mond
 Wellen

 Ohren
 Blitz

 Fluss
 Kopf

 Baumstamm
 Schwanz

 Büsche
 Rüssel

Boden
 Dorf
 Papagei
 Zirkus
 Fell
 Pfote
 Flecken
 Reifen
 Körper
 Zirkusdirektor
 Geweih
 Welt
 Hirsch
 Federn
 Weg
 Manege
 Menschen
 Fackel

 Beine    Hände

 Eimer

Susanne Blesius lebt mit ihrem Mann und ihrem Sohn Max in Dorsten. Zuvor hat sie zehn Jahre in den Niederlanden gewohnt, dort studiert und an der Grundschule unterrichtet. Bei der Arbeit mit den Kindern hat sie gemerkt, dass das Lesenlernen mit schönen Büchern noch mehr Spaß macht. Deshalb schreibt sie seitdem am liebsten lustige und spannende Geschichten für Erstleser.

Heike Wiechmann wurde 1963 in Travemünde geboren. Schon als Kind liebte sie Farben, Pinsel und Papier. Seit dem Studium an der Fachhochschule für Gestaltung in Hamburg illustriert sie Bücher für Kinder, entwirft Spielzeug und unterrichtet Zeichnen. Heike Wiechmann lebt mit ihrem Mann, Tochter und Meerschweinchen Poppie in Lübeck.